성경읽기와 《맥체인성경 365》

흔히 기독교는 말씀의 종교라고 합니다. 그것은 하나님께서 주신 '말씀'(성경)으로부터 모든 역사를 쌓아 왔기 때문입니다. 따라서 모든 그리스도인들은 하나님께서 주신 말씀을 읽고, 해석하고, 다시 적용하는 '신앙인의 삶'을 가장 우선순위에 둡니다. 말씀을 읽지 않고 하나님을 예배할 수 없고, 말씀을 묵상하지 않고 하나님의 계획을 알 수 없고, 말씀을 적용하지 않고 성화될 수 없기 때문입니나. 성경읽기의 중요성과 필요성은 아무리 강조해도 지나치지 않습니다.

▶ 성경읽기의 중요성과 필요성

① 성경은 하나님의 말씀이므로 매일 읽고 묵상해야 합니다.
② 성경은 우리를 향한 하나님의 사랑의 표현이기 때문에 매일 읽고 묵상해야 합니다.
③ 성경은 우리를 위한 하나님의 계획을 담고 있기 때문에 매일 읽고 묵상해야 합니다.
④ 성경은 우리를 구속하기 위한 하나님의 은혜이기 때문에 매일 읽고 묵상해야 합니다.
⑤ 성경은 우리를 진리로 인도하기 때문에 매일 읽고 묵상해야 합니다.
⑥ 성경은 우리에게 하나님을 계시하기 때문에 매일 읽고 묵상해야 합니다.
⑦ 성경읽기는 모든 그리스도인들에게 선택이 아닌 필수 요소입니다.

"너희는 여호와의 책에서 찾아 읽어보라.
이것들 가운데서 빠진 것이 하나도 없고
제 짝이 없는 것이 없으리니 이는 여호와의 입이 이를 명령하셨고
그의 영이 이것들을 모으셨음이라." (사 34:16)

▶ 《맥체인성경 365》 말씀연결 사용하는 법

① 네 성경 본문의 소주제를 통해 중심 단어나 문장을 말씀으로 묵상한다.
② 네 본문의 말씀을 순서대로, 천천히 읽는다.
③ 두 본문에서 반복되는 단어나 유사한 문맥을 찾아 서로 연결한다.
④ 본문에서 반대의 뜻을 가진 단어나 문장을 찾는다.
⑤ 두 권의 책에서 공통되는 하나님의 말씀을 연결하여 기록한다.
⑥ 연결되는 말씀을 다른 두 권으로 확대하여 네 권 전체에 흐르는 하나님의 생각과 베푸신 은혜를 누리고, 그 내용을 적어본다.
⑦ 본문에서 지도자나 인도자로부터 배운 신학 주제나 교리들이 함축하고 있는 문맥의 짝을 찾아본다.
⑧ 중심 주제를 필두로, 삶에 적용할 일들을 적어보고 생활 중에 실천함으로써 변화를 경험해 본다.
⑨ 하나님이 오늘 나에게 주신 말씀들을 통하여 가르침, 명령과 약속 권면, 경고 및 행해야 할 일들을 하나님과 대화하는 마음으로(기도) 성경읽기를 마무리 한다.

영국의 대설교가이자 20세기 최고의 영적 지도자로 명성을 떨친 마틴 로이드 존스 목사는 그의 생애 내내 맥체인의 <성경읽기표>를 따라 매일 성경을 보았다고 합니다. 그의 제자이자 동역자였던 존 스토트 역시 마틴 로이드 존스 목사를 통해 맥체인식 성경읽기 방법을 배웠고, 그것이 자신에게 있어 성경을 바로 볼 수 있게 한 원동력이었다고 고백했습니다. 그들뿐만이 아닙니다. 처음 만들어진 1842년 이래 유럽과 북미를 거쳐 오늘날 한국교회에서도 맥체인의 <성경읽기표>는 성경을 읽고, 묵상하고, 깨닫고, 실천하는 데 가장 적절한 도구로 인정받고 있습니다. 맥체인의 <성경읽기표>를 소중하게 여겨주시길 바랍니다. 그리고 맥체인의 <성경읽기표>를 반려(伴侶)로 삼아 매일 성경을 읽으시길 바랍니다. 성경을 날마다 잘 섭취하여 영혼이 더욱 건강해지고, 이 시대에 성경의 주인공이 되어 삶의 현장에서 변화와 성숙을 이루어, 강한 용사로 승리하시길 기원합니다.

"이 율법책을 네 입에서 떠나지 말게 하며
주야로 그것을 묵상하여 그 안에 기록된 대로 다 지켜 행하라
그리하면 네 길이 평탄하게 될 것이며 네가 형통하리라."(수 1:8)